閃耀台灣 五

台灣原生物產

1860-1960

徐宗懋圖文館／製作

目錄

閃耀台灣　福照寶島

　　「閃耀台灣」系列畫冊，一套八冊，分別為《台灣城市建築 1860-1960》、《台灣鄉村景觀 1860-1960》、《台灣山鄉原民》、《台灣近水部落》、《台灣原生物產 1860-1960》、《台灣自然生態 1860-1960》、《台灣往日生活》、《台灣古早容顏》。

　　此八個主題，時間跨越清代、日本殖民時代、光復之後，涵蓋早期台灣的人文生活以及自然景觀，從人們的食衣住行育樂，到鄉野山川中的美麗景致和原始型態皆收錄其中。這些內容、材料均是徐宗懋圖文館過去 20 多年來耗費巨資購買照片原作，以及累積精湛的照片修復技術工藝，所取得歷史照片領域最高的成就。

　　這套畫冊以「閃耀台灣」為名，台灣這座島嶼無論視野所見，亦或是蘊藏的內涵，都如同寶石般閃閃發光，是閃耀的寶島，期許能將台灣這座寶島所經歷、流淌過的歷史，以照片圖文的形式，親切、大眾化的傳達給大家。簡言之，這一套書代表了閃耀的台灣，福星高照寶島，是一套傳世不朽的台灣歷史影像。

土地的原材料與生產

　　1960 年代台灣輕工業興起之前，台灣主要生產農業產品和大宗原料，同時包含部分漁牧事業，即以本身的土地為生產資源，所創造動植物的商品。清代，除了作為一般百姓食用的稻米之外，台灣最大的出口商品為茶葉和樟腦，尤其晚清開放口岸，淡水大稻埕碼頭興起，茶葉貿易鼎盛。北台灣山區遍植茶園，台灣的經濟重心北移，牽動台北取代了台南成為政治中心。

　　日本殖民台灣後，以台灣的地理條件，將台灣建設為大日本帝國的稻米生產基地，同時也生產蔗糖，出口賺取利潤。在台灣所建立的鐵路、公路、電力、水利灌溉等基礎設施，都是服務這項目標。因此，除了延續清代的樟腦和茶葉生產外，也大幅增產稻米和甘蔗，至於其他如藺草以及各種傳統蔬菜水果等，則獲得持續的改良和增長，不過只有一般性的產量。台灣光復後，經過大規模的土地改革，佃農擁有自己的土地，加上政策的輔導，農民生產積極性增加，日本時代的稻米和甘蔗產量繼續提高，香蕉生產輸往日本更為農民創造了龐大的財富。直到 1960 年代後，台灣逐漸建立了本身的輕工業體系，生產如成衣、自行車、電扇、日光燈等電器品，才逐漸進入了工業化的社會。

　　《台灣原生物產 1860-1960》這本畫冊使用《台灣寫真大觀：物產篇》、《台灣寫真帖》、民間老照片，以及薛培德牧師的攝影作品，完整呈現台灣從清代、日本殖民，到光復初期的物產之歷史影像。

南 台灣甘蔗田與小火車鐵道

1930 年代，南台灣，甘蔗田與運輸火車鐵道。台灣種植甘蔗製糖的歷史悠久，清代台南已經有許多糖廍，以傳統方式製糖，並銷售到富庶的江浙一帶。日本殖民時代，以台灣的土地和氣候條件，選擇甘蔗為重點的經濟作物，實行大規模科學化經營，包括農地規劃、水利建設、品種改良、統購統銷、小火車運輸等等。另一方面，台灣糖業主要由「大日本製糖」所有，由日本資本和技術所掌控，台灣人主要是少數的大地主以及擔任農工的佃農。由於台灣蔗農遭到嚴重的剝削，陷於貧困生活，曾經爆發了大規模的蔗農抗爭事件。

光復後，土地所有權重新分配，製糖業持續發展繁榮，蔗農生活大幅改善。台糖不僅是龐大的事業，也因僱用大量的員工，而形成獨特的生活圈。1990 年代後，製糖事業走下坡，台糖逐步轉化為文創園區，提供蔗園、加工產品、小火車、田園景色等現代休閒生活設施。

甘蔗收割部分機械化

1930 年代,南台灣的甘蔗田收割景象。甘蔗主要生長在熱帶與亞熱帶地區,台灣中南部平原擁有種植甘蔗的良好條件。日本時代,實現甘蔗收割工作部分的機械化。

製糖工廠與工人運送甘蔗

1930 年代，南台灣，一間製糖工廠
與工人運送收成的甘蔗。台灣最早
興建的現代製糖工廠在 1901 年設
在橋仔頭，有運送、壓榨、清淨、
蒸發、結晶、分蜜、包裝等程序。
隨著技術和設備不斷改進，自動化
程度日益提升，糖的品質和產量也
大幅增加。

製糖工廠裡的壓榨機

1930 年代，南台灣，一間製糖工廠裡的壓榨機。壓榨是製糖過程中的第一個步驟，甘蔗被運輸至製糖廠後，由搔卸機卸至輸送機，經過截斷、壓碎、撕裂，再送入壓榨機中，由多組機器輪番、反覆壓榨，將甘蔗莖透過輾壓榨取的方式，取得其汁液。

13

甘蔗搔卸機

1930 年代，南台灣，一間製糖工廠的甘蔗搔卸機。收成的甘蔗，透過專用軌道運送進糖廠之後，會先以搔卸機將甘蔗卸至輸送機，甘蔗經過截斷、壓碎及撕裂後，再送入壓榨機輪番榨取甘蔗汁液。

製糖工廠裡的化學分析室

1930 年代，南台灣，一間製糖工廠裡的化學分析室。食品的加工製作，即使是最初步的加工，還是會涉及到成分比例與製作步驟的問題，這些都需要事先進行分析實驗，才能實際進行在大量的加工操作上。

製糖工廠裡的分蜜機

1930 年代，南台灣，一間製糖工廠裡的分蜜機。製糖的過程需要經過壓榨、清淨、蒸發、結晶、分蜜五個步驟。將濃縮的糖膏進行分蜜，此時糖膏中大部分都已經是結晶的糖粒，糖粒與糖粒間有純度較低的糖液，就是糖蜜，使用分蜜機去除糖蜜，最後產生結晶整齊的分蜜糖，即是完成分蜜的步驟。

製糖工廠的蒸發作業

1930年代，製糖工廠的蒸發罐作業。甘蔗切割壓榨後，蔗渣送到鍋爐作為燃料，以水蒸氣發電。至於蔗汁則加上石灰粉，讓雜質凝結沉澱以進行蒸發，有五層蒸發罐，水分蒸發後最後留下的是糖漿。然後，再進行下一階段的結晶工作。照片中堆積的是淘汰出來的蔗渣，可作為水蒸氣發電的燃料使用。

傳統小型樟腦工坊

1930 年代，傳統樟腦工坊的刨片與蒸餾作業。右邊為樟樹的切片，以及樟腦油的容器。此為傳統木造工坊，相當簡陋。儘管日本政府興建了大型的樟腦工廠，使用機器設備，不過自清代開始，台灣樟腦生產和輸出量極大，供不應求，民間小型的樟腦工坊很多，到日本時代仍然具有分量。

一群工人正在搬運樟腦砂

1920 年代，樟腦工廠，一群工人正在搬運樟腦砂。樟腦經
提煉過後，液體稱為樟腦油，固體成白沙結晶狀，則稱為
樟腦砂。照片中的白色固體便是樟腦砂，工人們將樟腦砂
鏟進竹籃中，準備運送去進行下一段加工。

腦寮中的蛇管式冷卻裝置

1920年代，提煉樟腦的腦寮中的冷卻裝置。提煉樟腦時，蒸餾出來的氣體會經由爐上方的管線流經冷卻裝置，將氣體冷卻成液體，再經過分離器將樟腦油和水分離，才算完成。冷卻裝置有許多種，分為土佐式、桶式、蛇管式等，照片中的即是蛇管式冷卻裝置。

一名工人用機器削樟樹碎片

1920年，樟腦工廠，一名工人使用機器削樟樹碎片。歷史上，樟樹極具經濟價值，中國人主要用它作為木料和藥材。清代，台灣即大量生產樟樹，並提煉樟腦，作為醫治風濕、皮膚病、霍亂等疾病的藥品，此外，也可作為火藥的原料。同時，美國又發明合成塑膠賽璐珞，應用甚廣，以樟腦為主要原料，因此樟腦的世界性需求量極大。

日本殖民台灣後，看好此經濟作物，初設台灣樟腦局，在台北城南門外設樟腦工廠。殖民政府大量採伐樟樹，同時壟斷了台灣樟腦的產銷。由於日本本身也有龐大樟腦製造產業，台灣樟腦主要以原料輸出為主，產量占世界第一，與茶葉、蔗糖等並列台灣三大外銷產品。

樟樹砍伐場景

1920 年代，台灣山區的樟樹砍伐場景。樟樹具有很高的經濟價值，將樹幹削成薄片，能夠蒸餾出樟腦及樟腦油，再經分餾等步驟程序可再製成其他產品，主要是供賽璐珞等工業使用。在當時，樟腦為台灣重要的輸出產品，也因此，山區的樟樹砍伐時常可見。而因樟樹的樹幹有刻痕，利於雲豹攀爬，因此早年台灣有許多樟樹林同時也是雲豹的棲息地。

提煉樟腦的腦寮

1920 年代，一處提煉樟腦的腦寮。使用機器將砍伐下的樟
樹削成薄片，經過爐灶蒸餾，獲得樟腦膏、樟腦油與樟砂，
通常到了這個步驟之後，會將所得的初步原料送到專門的
工廠進行更多的加工手續。

稻田中的收割景象

1920 年代，南台灣，稻田中的收割景象。收穫的季節，農民們正忙碌收割金黃飽滿的稻穗。台灣的稻米通常是二期稻，也就是一年可以種植及收穫兩次，較南邊的地方甚至可以到三次。一般二期稻大多是在五至六月以及十至十一月收割，收割前可見猶如金色海浪般的金黃色稻田，是農村特有的美麗景觀。

兩個農夫踏踩龍骨車之南台灣農村美景

1920 年代，南台灣，兩位農夫踏踩傳統的龍骨車，將溝水引向較高的田地中。農民們在烈陽下的古銅色肌膚，輝映著金色稻穗、綠地藍天，美景天成。龍骨車為中國古代的灌溉工具，因木片連成脊椎形狀，有如龍骨，故名之。宋朝著名詞人蘇東坡以〈無錫道中賦水車〉生動地形容龍骨車：「翻翻聯聯銜尾鴉，犖犖確確蛻骨蛇。分疇翠浪走雲陣，刺水綠針插稻芽。洞庭五月欲飛沙，鼉鳴窟中如打衙。天公不見老農泣，喚取阿香推雷車。」

一位牽著水牛的農夫拿著而字耙犁田　（34頁）

1920 年代，台北郊外的農田，一位牽著水牛的農夫拿著而字耙犁田。而字耙又稱為耖，是用來整地的農耕工具。而字耙多以鐵或木材製成，因為形狀像「而」字故而得名，下方的尖齒同時具有碎土及耙開泥地中殘株的作用，也可以將泥土中的草根拔起。而字耙會依據不同的田地類型有不同的使用時機，通常水田會在插秧前使用，而旱田則是在栽種前或整地的時候使用。雖然以水牛牽引能夠拖引而字耙前進，但還是需要依靠人力施力，才能達到深耕的效果。基本上，儘管日本時代對稻米耕種做了相當基礎設施的投入，不過農民耕田主要仍然依賴獸力，到了光復二十間大致上仍是如此，直到 1970 年代以後，才大規模實現耕作機械化。

南台灣的水圳、水稻與不平等的生產關係

1930 年代，南台灣，水圳與水稻的栽種。農作物的栽種，尤其是水稻，需要定量的水源澆灌才能生長，有些農田離河川水源地有些距離，在耕作上就較不得利，或是只能種植旱作，無法耕種水稻。因此水圳的修築帶給農業巨大的轉機，像是 1930 年代完工的嘉南大圳，使得嘉南平原的水田大幅增加到三十倍，而之後稻獲量更增加到了原先的四倍。儘管農業基礎設施大幅增建有助於稻米生產，但它對於廣大貧窮的台灣農民的實際生活，並無太大的改善功能，根本原因是土地所有權分配嚴重不均。大部分的農民是沒有土地的佃農，必須繳納稻穀做為租稅，沒有能力吃自己種出來的米，生活十分貧困，這種現象只有在光復後的土地改革，才根本上改變了農村的生產關係。

穿過稻米田和甘蔗田的水圳

1930年代,南台灣的水圳及水田。照片右邊是稻田,左邊是蔗田,反映嘉南大圳的功能主要是增加稻米和甘蔗的生產。儘管產量明顯增加,但農民生活並沒有改善,反而因為大規模的作業造成更嚴重的剝削,從而興起了波瀾壯闊的農民組合運動,反對殖民政府壓迫剝削的政策。這張照片清楚的反應了嘉南大圳所欲增加稻米和甘蔗產量的情形。

台灣的菸葉種植興旺之始

1930 年代，台灣種植菸葉的田地。早期原住民和漢人均自產菸葉。日本殖民台灣之後，為拓展財源，成立專賣局，1905 年將菸草列入專賣制度，改良菸葉品種，開闢大片的菸葉種植田地，主要在台中、高雄、屏東和花蓮等地。由於吸菸會上癮，所以消費量快速增加，菸草收益對財政貢獻甚大。光復後，基於同樣的財政理由，菸草專賣制度持續。同時，隨著經濟增長，消費更多。此時並無環保和吸菸傷身的觀念，公賣局的「長壽牌」香菸一根在手，幾乎成為男人成熟時髦的象徵，公共交通工具內吐雲吐霧者亦眾。直到 1980 年代經濟自由化後，大量洋菸進口以及世界禁菸運動興起，菸草相關事業才快速走下坡。

菸草的栽培

1930 年代，一處菸草苗圃。菸草喜歡生長在溫暖的環境，台灣南部冬暖少雨的氣候便很適合菸草生長。照片中是菸草的幼株，當長到一定高度之後就需要移栽，且菸草葉片的收成是每成熟一片就收穫一片，並不是全株一次收穫，而收穫的葉子也是一片一片經過處理，無論是栽種或是加工都十分費時費力。日本政府曾努力改善菸草的品質，提高產量，以達到最大的經濟效益。

正在曬菸葉的農夫

1930 年代，一位正在曬菸葉的農夫。收穫後的菸草葉需要即時曬乾，乾燥大約需要三至四周，一般農家多是直接晾在屋舍前空地或自家屋頂上，讓陽光照曬。曬乾後的菸葉會捆起來，使菸草發酵。發酵後的菸草味道會極苦澀，還需再經過多道手續加工，之後再送到捲菸廠製成捲菸。

幾位整理菸葉田的農民

1930 年代，南台灣種植菸葉的苗圃，幾位農民正在做種植前的整理。一般菸葉幼株會先在苗圃培育，待幼株的葉片逐漸長大後，再做移栽。在苗圃種植前需要先整地、搭設棚架，前置作業較為費時，但也才能確保栽種出品質良好的菸葉。菸草的品種眾多，據記載，日本時期台灣本島的菸草品種就多達二十一種。

專賣局台北菸草工廠內部

1930 年代，專賣局台北菸草工廠內部。專賣局為日本時期
的公賣機關，1901 年成立，起初只有專賣鹽和樟腦，而菸
草專賣是在 1905 年實施。菸草工廠所製成的香菸可分為
「葉捲」、「兩切紙菸」及「刻菸草」三種，「葉捲」就
是手工捲菸，「兩切紙菸」則是工廠專門生產的菸品，「刻
菸草」是指用菸斗抽的菸草絲。

專賣局台北菸草工廠裡的機器加工

1930 年代，專賣局台北菸草工廠內部，機器正在加工運作
的情況。日本時代實行菸草專賣後，引進了許多新式機器，
菸草加工需經過多道程序，機器不但節省時間人力，也可
以確保製造出來的商品品質。

台北菸草工廠的捲菸工作

1930 年代初，台北菸草工廠內工人們工作的情況。由於菸草專賣利潤豐厚，日本殖民政府建立了完整的產銷體系。1910 年開始籌備建台北菸草工廠，位置在台北火車站的北側，可以利用鐵路交通運來菸草原料，也可將香菸成品送給全台各地，反映出菸草龐大的市場性，以及在當局財政中的特別地位。由於菸草包裝依靠人力，所以台北菸草工廠僱用了大量的女員工，從事手捲菸等包裝工作。

茶 農婦女採茶的情景 （52頁）

1930年代，北台灣，農婦正在採茶的情景。茶葉是台灣重要特產，茶苗和製茶技術主要是閩粵移民引進，北台灣桃竹苗高地，地形和氣候均適合種植茶樹，茶園漫山遍野，四處可見，以生產烏龍茶為主。事實上，福建和廣東為世界茶葉的原鄉，包括著名的阿薩姆茶、錫蘭茶、土耳其茶和英國茶等，均源於閩粵兩省。歷史上，茶葉是中國的出口大宗，各國商人致富之道。世界上任何語言有關「茶」的發音，不是閩南音的 Te，就是粵語音的 Cha，無一例外。日語的「茶」則是取自粵語音。

茶菁的室外萎凋

1930年代，北台灣一處製茶廠，將採收的茶菁放置在室外，利用陽光的曝曬，讓茶菁內部水分蒸發，茶葉失水分後開始軟化，葉片也變成暗綠色，會散發出陣陣茶香，此時就要移至室內。這是採收茶葉後製茶的第一道工序，稱為「萎凋」。

茶葉的發酵、炒菁以及紅茶和綠茶之別

1930 年代，北台灣一處製茶廠。茶葉的發酵是隨著萎凋逐漸進行的，尤其在萎凋的後期，經由攪拌和堆疊，可以加速發酵的過程。茶葉一般分為綠茶和紅茶，主要是在茶菁發酵階段決定的，不發酵的茶菁保留植物的原味，即爲綠茶。發酵的茶菁則為紅茶，而且發酵的程度不同，會決定茶葉的風味。炒菁又稱為殺菁，即使用高溫工具停止茶菁的發酵過程，將茶菁炒熟或蒸熱。此過程中，菁臭味會消失，茶香味形成。如果製作不發酵的綠茶，則直接跳過萎凋以進行炒菁的工序。一般而言，東亞地區中國人、日本人、韓國人等，紅茶綠茶兩者均愛，日本人特別偏好綠茶，強調無糖去油的冷泡綠茶成為非常暢銷的健康飲料。世界其他主要茶葉的消費，包括印度、斯里蘭卡、土耳其、英國等，清一色是紅茶，尤其是大英帝國將紅茶帶到五大洲，使得世界大部分地區均為紅茶。至於台灣，著名的包種茶、烏龍茶、鐵觀音等均為中度發酵的茶葉。今天年輕人喜愛的珍珠奶茶，則使用印度式濃厚的奶茶，因甜度高又有咬勁，符合年輕人口味，但中年以上的品茶族不一定喜歡。

茶菁的室內萎凋

1930 年代，北台灣一處製茶廠，室內萎凋作業，茶菁被置於傳統竹編的笳藶。工作人員用雙手輕輕攪拌茶菁，讓葉子因相互摩擦而破壞葉緣細胞，如此空氣便能進入葉片內部細胞，以產生發酵作用。雙手攪拌的動作稱為「浪菁」，萎凋的時間會決定製茶的種類。

茶葉的揉捻工序

1930 年代，北台灣，一處製茶廠，茶葉被放進揉捻機進行
揉捻程序。茶菁在炒菁之後放進揉捻機中，隨著機器滾動
而產生揉捻的作用。茶葉逐漸緊縮捲曲，葉汁滲出而平均
分布於茶葉上，使茶葉冲泡時能更快釋出茶香。此外，揉
捻的輕重決定茶葉不同的口味。

茶葉的精製工序

1930年代，北台灣一處製茶行，工人們正在處理茶葉篩選，作為精製的程序。茶菁在揉稔完全後，需要放進乾燥機進行乾燥，以破壞茶菁中的酵素，並降低含水比例。接著再進入精製的程序，使用機器將茶葉切成整齊的形狀，同時吹掉茶屑，篩選出適合沖泡的茶葉。

台北大稻埕茶行內工作的婦女們

1930年代，台北大稻埕一處茶行內一群婦女們工作的情
景。她們正在進行最後的人工挑選程序，將製好的茶葉中
仍摻有小枝幹和小雜質的部分挑出來，讓茶葉色香味臻於
完美。這個需要手巧、細心和耐心，所以一般都由婦女來
從事。製茶工序從「萎凋」、「發酵」、「炒菁」、「揉捻」、
「乾燥」、「精製」、「焙火」等基本工序後，這是包裝
前最後一道細挑的程序。

◎ 嘉義貯木場 （嘉 義 市）

阿里山の扁柏さ紅檜に就ては今更説明するまでもあるまい。橿原神宮、桃山御陵、明治神宮等の御用材中の重要材は、盡くこれを阿里山材に求められゝの光榮に浴した。阿里山中に於て伐採された木材は先づ架空式の鐵索集材機によつて事業地内に敷設された鐵道まで運ばれ、そこで直ちに貨車に積込み一日三、四列車程度の運轉によつて此所即ち嘉義貯木場に搬出される。貯木場はまさに之れ木材の海である。貯木場に隣接しては頗る大規模な製材工場も設けられてゐる。

嘉義的阿里山檜木貯木場以及日本最神聖三座建築的珍貴建材

1920 年代，嘉義的貯木場，存放著阿里山上砍下的大量珍貴檜木，準備運往日本，成為日本興建最神聖神宮和御陵的最上等建材。此照片取自 1930 年代印行《台灣寫真大觀：產業篇（附動物植物）》相冊，此處附上原日文解說，說明阿里山的紅檜和扁柏是日本橿原神宮、桃山御陵和明治神宮之御用重要建材。同樣的說明也出現其他有關阿里山檜木的介紹上，反映它不僅是事實，也是總督府眼中台灣無比的榮耀。以上三座建築敘述的排位非偶然，而是代表了大日本帝國神聖的社稷倫理。1890 年，明治天皇在奈良日本開山祖神武天皇據傳的皇宮處，興建了橿原神宮，此後陸續增建，以祭祀象徵日本民族起源的神武天皇；桃山御陵位於京都伏見，1912 年明治天皇葬於此地，昭憲皇太后隨後亦葬於東側，桃山陵即明治天皇的陵寢。明治天皇在位期間，從幕府手中重建皇權，成功推動了日本近代化，躋身世界列強，在日本人民心目中形同神人，他的陵寢自是莊嚴的聖地。至於明治神宮則興建於 1920 年，供奉明治天皇和皇太后的靈位。因此，這些是大和民族宗社倫理最莊嚴神聖的三座建築物，總督府自然反覆強調，視為無上光榮。此時，台灣與朝鮮半島同為大日本帝國的海外殖民地，所有地上地下之物均屬於帝國政府所有，帝國奉天承運，可以任取之用之。殖民地人民也有效忠天皇的義務，任何對天皇和帝國政府的不敬，均屬於犯罪行為。在這種思想環境下，如果有一些台灣人因阿里山檜木奉獻帝國，而倍覺雨露均霑，不勝惶恐，亦事屬情理。

無論如何，可以確認的是，阿里山檜木曾大量作為日本重要建築的材料，尤其是橿原神宮、桃山御陵和明治神宮等日本人心目中至高無上之人間建物。總督府必然是奉獻最上等的檜木，以恭迎天皇和帝國千秋萬世之偉業。儘管留世文獻對阿里山的伐木事業有數量的統計，不過卻無品質上的描述細數，然而，以日本專家調研的嚴謹和認真，以及此事極為嚴肅之意義，合理推斷，阿里山檜木最精華的部分，應該在 1910 至 1920 這 10 年間，大部分均已砍伐了。

阿里山檜木的大量砍伐

1920年代，阿里山巨木的採伐，四周已有去枝葉切斷的大樹幹，顯示已有成片的樹木遭到砍伐。此照片取自1930年代初出版的實體紀念相冊《台灣寫真大觀：產業篇（附動物植物）》，照片約拍攝於1920年代末期。這裡附上原日文解說，提到巨木（檜木）的平均樹齡在二千年以上。如果日方的測量推估大致準確，意味著這些巨樹誕生的時間約在西元前70年，也就是西漢漢宣帝時期，羅馬帝國奴隸勇士斯巴達克斯起義戰爭時期，遠早於今天歐洲任何國家出現之前，也遠早於日本的飛鳥時代，當時東瀛仍然屬於無文字紀錄的部落時期，屬於日本的神話時代。同理，巨樹砍伐後如果重生，估計到3930年才能長成這般。因此，不同於甘蔗、稻米、果樹等植物，可以重複培育和採割。檜木一旦砍伐，實際上就等於永遠沒了。台灣檜木包括紅檜和扁柏，成長極其緩慢，故材質堅實。雖為上等木料，但今日觀之，其樹形高大如山，樹齡如雲，盡吸林木精氣，守護萬物。其地位猶如山神，令人敬畏不已，豈可以世俗「木料」褻瀆之。

1930年代，總督府將阿里山巨型檜木的大批砍伐，拍攝整組照片，編入「紀念寫真」，自然是當成殖民建設的重大成就之一。必須說明的是，日本政府的作法實際上也是當時世界各國的一般態度，並不特殊。18世紀興起的工業革命，催生了西方的殖民帝國，仗著強大的槍砲在世界各地尋找生產原料和消費市場。因此，開山挖礦，砍伐森林，種植經濟作物如蔗糖、橡膠等，成為資本與技術積累的基本方式，也是快速的致富之道。20世紀上半葉，殖民主義所帶動的全球開發達到了最高峰，同時也由於東西方殖民帝國為了爭奪勢力範圍，占領土地和資源，爆發了兩次慘烈的世界大戰，導致生靈塗炭的慘況。因此，儘管殖民帝國興建了一些新型的市街，培植了一批當地的菁英，但因迷信軍事暴力統治，對殖民地資源貪婪的掠奪，以及對殖民地人民殘暴的奴役，終於隨著二戰結束壽終正寢。

儘管如此，隨著殖民主義終結，人類耗盡地球資源的行為並沒有停止，反而在戰後走向新的高峰。在戰爭廢墟中重建家園，尤其戰後和平時期嬰兒潮的人口激增，首要是發展經濟，最直接的就是「靠山吃山靠海吃海」，何況這是本國的資源，無話可說。加上戰後工業技術突飛猛進，各國均盡一切力量挖掘本國的山林礦產資源，作為發展初期的資本累積，以快速改善民生，擺脫貧窮。如此，產量也遠超過戰前的水準。在工業技術領先的歐美和日本，化工科技快速興起，無限量地製造工業產品，從初級到高端的均有，以滿足永不停止的物質生活追求。如此，製造大量的有毒物質排向天空、河流、大海。戰後20年，日本創造了最亮眼的經濟發展，卻也留下了人類環保史上最慘重的教訓。同時，解決溫飽問題後，社會開始追求更高級的物質享受。大片樹林被砍伐，以興建山坡高級公寓、高爾夫球場、主題樂園，或者農場和牧場。直到1970年代後，已發展的國家才驚覺在追求富裕生活的過程中，在環境問題上所付出無可挽回的慘重代價。此時，環境運動興起，不過，各國民眾對自己政府破壞環境的批判通常只說對一半。另一半就是，破壞行為換得的經濟利益，所有人多少都分到而且也已享用了一些好處。無論如何，各國紛紛踩了煞車，採取保育和環保的措施。以上模式是世界性的，或早或晚，在大多數國家中重複地出現。

換言之，當物質慾望是最大的成長動力，環境破壞只是重複，而非解決。先進國家現在對本國實施了嚴格的保育和環保政策，於是他們的工廠就搬到貧窮國家去排放污水和廢氣；先進國家過去直接把大量的垃圾倒進海裡，現在他們付一些錢把垃圾送進貧窮國家，至於結果如何就眼不見為淨；先進國家現在嚴格禁止砍伐樹木，於是他們花錢從擁有龐大熱帶雨林的地方進口木料，如巴西、印尼、沙巴和砂勞越等地，由當地人去砍他們的樹林，如此又形成了後殖民現象，即先進國家以資本和技術的優勢，對貧窮國家進行資源的掠奪和勞力的剝削。然而，對於環境的破壞而言，其實是沒有差別的，先進國家也無法倖免，因為地球只有一個。

以日本為例，它是世界上唯一遭受原子彈恐怖轟炸的國家，然而由於缺乏能源，為了保持龐大經濟體的運轉，同時避免煤炭燃油發電造成的空氣污染，仍然選擇依靠核能發電。福島核災造成可怕的災難，後患無窮。十年後災民仍不得返家，日本政府一度暫停核能發電，並採取輪流限電，但習慣舒適生活的日本民眾最終還是受不了，於是只好接受核電重新啟動。環保和發展之間幾乎找不到一個平衡點，成為人類難解的生存課題。

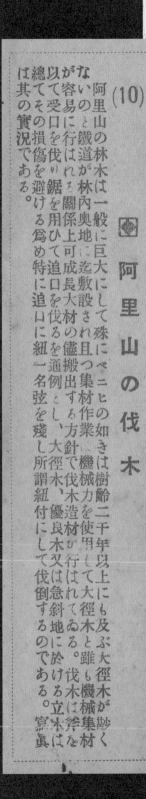

◎阿里山の伐木

(10)

阿里山の林木は一般に巨大にして殊にベニヒの如きは樹齢二千年以上にも及ぶ大徑木が夥しく林内奥地に迄敷設され且つ集材作業に機械力を使用して大徑木と雖も機械集材が行はれてゐる。伐木は斧と鐵道が林内奥地に迄敷設され且つ集材作業に機械力を使用して大徑木と雖も機械集材が行はれてゐる。伐木は斧と鋸を用ひ通例とし、大徑木、優良木又は急斜地に於ける立木は

なゐの關係上可成長大材の儘搬出する方針で伐木造材が行はれ、受口を伐り鋸を用ひ追口を伐るを通例とし、大徑木、優良木又は急斜地に於ける立木は斧にて受口を伐り鋸を用ひ追口を伐るを通例とし、大徑木、優良木又は急斜地に於ける立木は斧にて受口を伐り容易に行はれる關係上可成長大材の儘搬出する方針で伐木造材が行はれてゐる。伐木は斧と鋸を用ひ追口を伐るを通例とし、大徑木、優良木又は急斜地に於ける立木は斧にて受口を伐り追口に紐一名弦を残し所謂紐付にして伐倒するのである。寫眞

は總べてその損傷を避ける爲め特に追口に紐一名弦を残し所謂紐付にして伐倒するのである。寫眞は其の實況である。

阿里山台灣紅檜的砍伐

1920 年代，阿里山大型台灣紅檜的砍伐，工作人員在樹幹底部取樣以及確認鋸木的位置。日本殖民台灣後，積極經營山林資源，阿里山地形植被覆蓋完整，同時包括熱帶、溫帶、寒帶三個區域，充滿原始神祕的色彩。1899 年日本斟查隊伍在阿里山高山區發現大片的原始的檜木林，茂密遮天，鳥獸聲鳴，有如人間幻境。此等檜木材質優良，堅實如石，沉香撲鼻，世所罕見。此後，殖民政府架橋造路，運送設備和工人入山，興建大小駐所。1910 年代初起，砍伐的大型紅檜木開始運送下山，大規模的伐木時代於焉展開。殖民當局陸續成立了三大官營林場，阿里山、太平山和八仙山林場。由於日式寺院和房舍主要是木造，木料建材需求龐大，阿里山的伐木和運輸鐵道更為現代化，木產日增。台灣檜木大量供應日本本土，伐木成為獲利豐厚的事業，十分興旺。太平洋戰爭時期，日本宣傳片「南進台灣」即直言阿里山的木材「光榮肩負著桃山御陵、橿原神宮、筥崎八幡宮、明治神宮等營造的用材」。

太平山砍伐的巨型檜木由索道運送

1920 年代，宜蘭太平山砍伐的巨型檜木由索道運送下山。1910 年代初，日本調查台灣林木資源，發現宜蘭太平山森林茂密，雲霧繚繞，不僅景色絕美，也蘊藏大片珍貴的檜木林。因此，旋即在此展開大規模的伐木事業。從一開始的手工伐木以及木馬、滑道的運送，一直到興建山區台車鐵軌、運材鐵路以及高空索道，不僅伐木量大增，也使得檜木在運送過程中儘可能完好無損。照片由上下望，太平山聳立蘭陽之美景，一覽無遺。

基隆川開採砂金的情景 （72頁）

1920年代，基隆川開採砂金的情景。早年因基隆瑞芳、金瓜石等地發掘出金礦，附近溪流吸引許多民眾前去淘金，使用工具在溪床碎石泥沙中，篩出砂金，形成一波淘金熱。日本時代由於明令採礦權屬於日本，台灣人不得擅自開採，因此挖礦、淘金的台灣礦工都是受雇於日本人。

金瓜石礦坑中的礦工

1920年代，金瓜石礦坑工作中的台灣礦工，最早以前採金礦爲主，後來又大量開採銅礦。採礦權規定是日本人的專屬權利，台灣人無權採礦，任何私採行爲都會受到嚴厲的懲罰。日本殖民政府將採礦權批給日本商業集團田中組和藤田組，極盛時期僱用了約三千名台灣工人。這些工人領取低薪，工作和生活條件惡劣，不時發生公安傷害事件。這張官方的標準照片中使用了新式機器採礦，其實礦工是用火藥炸坑，以及大多數是用槌子和其他小型工具手工敲打。礦業也帶動九份城鎮的興起，包括租屋、餐廳、商店、妓院等，以礦工階層爲主要的消費群體，成爲北台灣極具特色的臨海礦業城鎮，反映了台灣底層社會的貧困百姓求生存的狀態，體現階級壓迫中社會與人性的矛盾，也成爲民間文學作品和電影的重要題材。

金瓜石採金業的砂金篩選

1920年代，基隆採金業篩選出砂金的情形。基隆瑞芳、金瓜石山脈於晚清時期發現金礦，吸引了大批的淘金客，紛紛湧入淘金，成為底層百姓發財夢的寶地。日本殖民台灣後，規定只有日本人才有採礦權，台灣人無權也不得私自採礦。隨後殖民政府將此地的採礦權交給日本商業集團，台灣人成為領低工資的礦場工人。採金業曾經在1900年代初期達到高峰，最多有約三千名台灣工人。

金瓜石礦山的豆電車

1920年代，金瓜石礦山的豆電車。為了運送礦石和採礦的資材，日本時代在金瓜石設置了許多運礦的軌道，像是人力推車行駛的輕軌、電車行駛的重軌，以及無極索道等。將在礦坑內採集好的礦石透過軌道運出，再由無極索道與斜坡索道運到選礦場。而露天採集到的礦石，一般則直接由重型卡車運送。

基隆炭礦的猴硐選炭場

1930 年代,基隆猴硐選炭場。猴硐自清代以來就是知名的
礦產山城,因為煤礦的發展而興起,基隆炭礦的瑞芳三坑
就位在猴硐,曾是全台產量最大的煤礦。1920 年猴硐「選
炭機」廠房興建完成,廠房主體為三層樓建築,一樓是鋼
筋混凝土結構,二樓以上則為木造,同時也在建築物東向
設置台灣第一部貨用昇降梯。

養蠶林間飼育場

1930 年代，台灣一處林間的養蠶的培育場，以生產蠶種和蠶繭。蠶絲的製造是中國古老的工藝，絲製衣裳為中亞和歐洲貴族趨之若鶩，大批駱駝商旅穿越草原和大漠，長途跋涉，來到中土求絲和瓷器，創造了輝煌的絲路文明。晚清首任台灣巡撫劉銘傳為了增加農業生產，鼓勵農家栽桑、養蠶和繰絲，一些望族遂由大陸聘請養蠶師來台教授相關技術，推動養蠶事業。日本時代，殖民政府進一步由日本引進蠶種和養殖技術，擴大規模，最多時全台灣有約 41 家蠶種製造場，具有相當規模。

兩位女技術人員檢視蠶種的品質

1930年代，一處養蠶培育場內的兩位年輕女工作人員，用顯微鏡檢視蠶種的品質。殖民政府也由日本引進日本的蠶種培育技術，提高品質。必須說明的是，台灣養蠶以蠶種和蠶繭銷售為主，並不涉及到大規模的繅絲、生絲製造，以及紡織工業。這是日本殖民台灣的基本政策，即把台灣作為原料的生產地，以供應日本工業製造之需。利用台灣的初級原料和低廉的人力，使得日本工業獲得價廉物美的加工原料，以大幅提升日本工業產品的競爭力，不過不會在台灣建立工業製造體系。

蠶蛾交配

1930年代，養蠶所的女工們進行蠶蛾的交配。蠶在破繭完之後，女工們會將蠶蛾依照性別與種別分開放置，方便讓雄蛾與雌蛾進行交配，雄蛾一般可以交配二次，如果雌雄比例懸殊時，可以交配三次。蠶在羽化成蠶蛾後唯一的任務就是交配產卵，產完卵後即會死亡。

養蠶所的蠶卵包裝

1930年代，養蠶製造所中的蠶卵包裝。破繭而出的母蛾，經過交配後產卵在特定的紙上，再分配包裝成盒，經過特別的設備，即可保存一定時日，成為可供銷售的蠶種。台灣養蠶所主要是生產蠶種和蠶繭，作為日本絲綢與紡織業的原料。

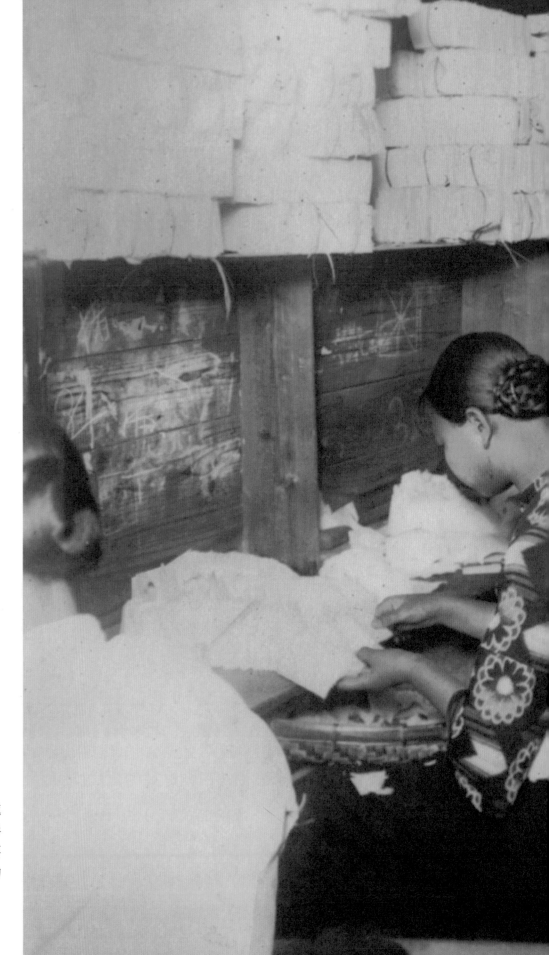

新竹一家藺草紙工廠的女工與童工

1920 年代，新竹一家藺草紙工廠。左邊的女工正在整理成
片的藺草紙，右邊的童工們則用剪刀將藺草紙剪成花片形
狀，以製作假花。藺草原料無論作成各種工藝品，都需要
使用大量的人力。對於貧窮的人家來說，也是增加收入的
途徑之一。

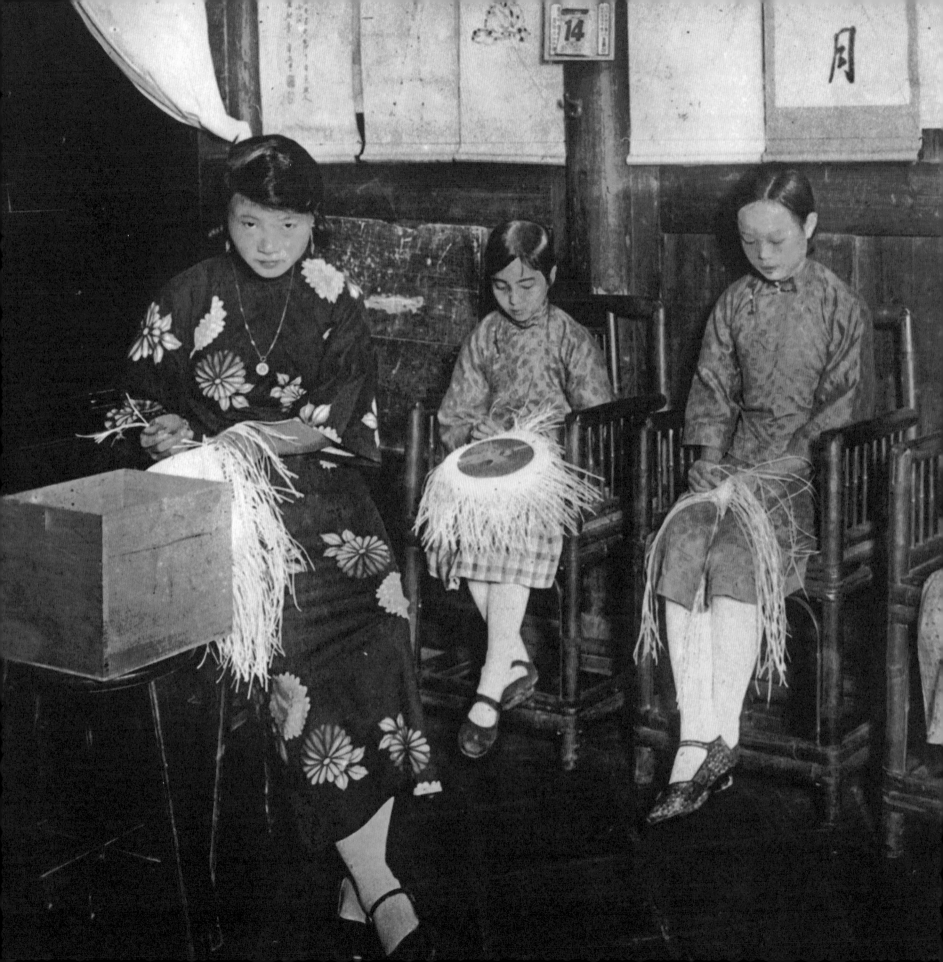

新竹市一家女性從事手工藺草製帽

1920 年代,新竹市一處藺草製帽家庭工廠,家庭的女性無論長幼都一起投入手工製帽業。藺草生長需要約 90 天,可製成草繩、草蓆和草帽。後兩者均仰賴人工編織,需要大量人力。在沒有冷氣和塑膠製品的時代,草蓆和草帽的市場需求極大,新竹、苗栗一帶是重要生產地,幾乎每家都在編織,主要是女孩子們在做,從早到做到晚,入夜圍著油燈仍繼續工作,以便多增加一分收入。製帽涉及不同的造型和花紋等,需要更多的工序和更高超的手藝,做一頂漂亮的帽子通常要花上 10 天的時間。藺草工藝品製作在台灣已經有二、三百年的歷史,日本殖民時代一度成為出口大宗,也是許多家庭重要的收入來源。

展示櫥窗中的台灣手編帽子

1920年代,一處展示櫥窗中的台灣手編帽子。台灣產的手工編織帽種類繁多,像是大甲藺草帽、林投帽、麻帽等,全盛時期,帽業成為台灣五大出口產業之一,大多外銷到日本及歐美地區。

花蓮港的籐編織產業

1920 年代，花蓮港的籐編織產業。台灣產的籐有黃籐與水籐兩種，其中黃籐更具韌性且耐用。編織籐製品需先將籐經過去節、剖籐、去肉、削薄等這幾個手續，之後再乾燥曝曬，才能成為可被編織的素材。在沒有塑膠製品的年代，台灣的籐產量與籐編織產業帶來了巨大的產值。

豐原貯水池浸泡黃麻

1920 年代，台中豐原製麻工廠的貯水池，將黃麻長時間浸泡，令其更堅實彈性，也更具有黏著力。黃麻為熱帶植物，台南大量種植黃麻作為原料，經過製麻工廠處理後，成為麻布布袋，以便製成各種麻織物品。

豐原製麻工廠

1920 年代，豐原製麻工廠內的作業情況，將黃麻原料製造
成一綑綑的麻布。這座工廠有上百台的編織機器，一年可
以處理約三百萬斤的黃麻原料，製成二百八十萬綑麻布。
黃麻也成了日本殖民政府重點發展的經濟作物。

九曲堂殖產局的鳳梨田採收　（98頁）

1930年代，高雄九曲堂殖產局的鳳梨田，農民採收鳳梨的景象。鳳梨是熱帶水果，台灣的鳳梨種植主要分布在南台灣平原，它與香蕉、柑橘類並列為台灣三大水果物產，是台灣重要的外銷農作物。

中台灣一處鳳梨罐頭工廠

1930年代，中台灣一處鳳梨罐頭工廠，工人們準備用機器生產的情形。由於台灣盛產鳳梨，日本殖民政府大力發展鳳梨加工產業，興盛時期在高雄和台中約有80間鳳梨罐頭工廠，主要輸往日本，以及透過日本大商社銷往世界各地，以賺取利潤。光復後，由於本省民眾經濟能力逐年提高，鳳梨罐頭成為年節的禮品，亦為日常的甜點，消費量大增，鳳梨罐頭生產事業更為興旺。不過，數十年過後的今天，民間時興吃新鮮蔬果，喝現榨果汁，鳳梨罐頭消費大減，現在多半是用來做沙拉或搭配料理等。

橘子的採收狀況

1920 年代，台灣橘子園中的採收狀況，橘子樹較高，工人們需要踩著梯子才能摘取。橘子品種多元，一般果肉香甜多汁，帶著微酸的滋味。因為攜帶方便，直接剝皮即可食用，因此成為旅行出遊時常攜帶的水果。

植物檢查所內的柑橘檢驗

1920 年代，植物檢查所，工人們正在檢查要輸出日本的柑橘。1921 年建立台灣植物檢查制度，主要是為了防止柑橘類水果輸出日本時，帶入蜜柑小實蠅，危害日本柑橘產業的問題。日本時代，柑橘類水果與香蕉和鳳梨並列為台灣三大水果物產，也是重要的輸出貿易商品。然而，柑橘類水果在運輸日本的過程中，需要經過香蕉、鳳梨都不需經過的檢查手續，也讓柑橘貿易受到不小的影響。

台灣植物檢查制度

1920 年代,植物檢查所,工人們正在檢查要輸出日本的柑橘。為了防止輸入日本的蜜柑夾帶蜜柑小實蠅,破壞日本柑橘生態,因此日本特別訂定了台灣植物檢查制度。其實蜜柑小實蠅在台灣並不被認為是重要害蟲,但因為日本並無這類園藝害蟲,若傳入日本恐會造成當地柑橘產業的損害,因此才特別針對柑橘類水果訂下此一條例。

台南鹽山與搬運鹽的工人

1920 年代，台南鹽山與搬運鹽的工人。早年曬鹽業是台灣重要的產業之一，尤其是台南地區，有多處鹽田，為最盛行之地。鹽山由鹽堆積，猶如雪山壯觀耀眼，工人們鏟鹽、裝袋、搬運，分工明確。

歷史悠久的台南鹽田

1920 年代，台南鹽田曬鹽作業一景。鹽田最早始於明鄭時期，參軍陳永華教導百姓曬鹽的方法。鹽是人體必需的成分，中國內陸省份遠離海洋，只能鑿井製鹽，因此鹽成為高價物品，買賣食鹽可以致富，歷代多以食鹽專賣作為充裕國庫之道。鹽田的開闢不僅可供給東寧官兵和百姓，也可成為財源之一。從清代，到日本殖民統治，再到光復後，製鹽事業持續擴大，成為工業用鹽的重要產地。後因成本問題，逐漸走下坡，至 2002 年關閉了所有曬鹽場，結束了三百多年的鹽田歷史。

HISTORY 84
閃 耀 台 灣 五

台灣原生物產 *1860-1960*

策畫執行	徐宗懋圖文館
中文撰文	徐宗懋
責任編輯	陳萱宇
主編	謝翠鈺
行銷企劃	陳玟利
藝術總監	陳怡靜
美術編輯	鄭捷云
數位彩色復原	林芷瑄、鄭捷云、李映彤
董 事 長	趙政岷
出 版 者	時報文化出版企業股份有限公司
	108019 台北市和平西路三段 240 號 7 樓
	發行專線：(02)2306-6842
	讀者服務專線：0800-231-705
	(02)2304-7103
	讀者服務傳真：(02)2304-6858
	郵撥：19344724 時報文化出版公司
	信箱：10899 台北華江橋郵局第 99 信箱
時報悅讀網	http://www.readingtimes.com.tw
法律顧問	理律法律事務所　陳長文律師、李念祖律師
印刷	和楹印刷有限公司
初版一刷	2022 年 6 月 10 日
定價	新台幣 480 元

缺頁或破損的書，請寄回更換

時報文化出版公司成立於 1975 年，並於 1999 年股票
上櫃公開發行，於 2008 年脫離中時集團非屬旺中，以
「尊重智慧與創意的文化事業」為信念。

閃耀台灣．五，台灣原生物產 1860-1960/ 徐宗懋圖
文館作．-- 初版．-- 台北市 ： 時報文化出版企業
股份有限公司，2022.06
　面；　公分．--（History ; 84）
ISBN 978-626-335-425-8（精裝）

1.CST: 台灣史 2.CST: 農產品業 3.CST: 照片檔案

733.21　　　　　　　　　　　　　　111006928

ISBN 978-626-335-425-8
Printed in Taiwan